Made in the USA
Las Vegas, NV
02 March 2023

68388914R00062